BILALS
HUMMUS EVOLUTION

SYRISCH / VEGAN

VORWORT ZUR ZWEITEN AUFLAGE

Nun ist es zwei Jahre her, seitdem dieses Buch das erste Mal erschienen ist.

Was damals eigentlich nur eine verträumte Spielerei gewesen ist - wir wollten für unsere Freunde ein kleines Rezeptheftlein als Weihnachtsgeschenk im Copy-Shop ausdrucken - hat sich zu einem ambitionierten Projekt entwickelt. Um die 3.000 Bücher haben wir seither verkauft und Bilals Zimmer ist zu einer Art Bücher-Lagerhalle geworden. Dort stapeln sich Kartons, Briefumschläge und eben auch die Kochbücher.

Im November 2016 ging alles los. An nur einem Wochenende haben wir 26 Gerichte gekocht und fotografiert. Morgens bis abends standen wir am Herd, an der Spüle, hinter der Kamera und manchmal auch rauchend auf dem Balkon. So ein gutes Teamwork hatten wir nur selten erlebt. Nun - wir sind ja auch Freunde. Und zum Glück feierte Valentin am letzten Tag des Fotoshootings seine Geburtstagsfeier (das Abschluss-Foto auf der letzten Seite gibt einen kleinen Eindruck davon).

Pünktlich zu Weihnachten wurden die Bücher fertig und landeten unter manchem Weihnachtsbaum. Seither haben wir das Buch stetig weiter entwickelt. Ein paar Rechtschreibfehler wurden gefunden, neue Rezepte kamen hinzu, es wurde 100% vegan (vorher auch vegetarisch) und nun - on the top - enthält dieses Buch sogar Kochvideos.

Auch wenn der ganze Verwaltungskram drumherum viel Arbeit macht, es ist unser Herzensprojekt und wir sind sehr gespannt, wie es weiter geht.

In diesem Sinne: Auf an den Herd!
Bilal, Moritz, Ronja, Valentin, Bernd und Felix

Marburg, Januar 2019.

PS: Mittlerweile macht Bilal immer mal wieder Catering oder auch Kochworkshops. Kürzlich hat er sogar eine kleine Kochshow gemacht. Wenn Sie daran interessiert sein sollten, schreiben Sie uns!

SALAM ALEIKUM & HALLO!

Ich freue mich sehr darüber, dass Sie dieses Kochbuch in den Händen halten. Darin steckt viel Arbeit, aber auch Freude und Spass.

Ich glaube, es wird Zeit, dass in Deutschland mehr Hummus zubereitet wird. Überhaupt bietet die syrische Küche viele - hierzulande noch unbekannte - Gerichte, die nun in diesem Buch entdeckt werden können.

Mein Name ist Bilal. Im Jahr 2014 bin ich aufgrund des Bürgerkrieges aus Syrien geflüchtet. Die drei Jahre zuvor habe ich in Damaskus gelebt. Viel gekocht habe ich damals nicht, denn es gab gutes Essen an jeder Straßenecke.

Als ich nach Deutschland kam, fehlte mir dieses sehr. Deswegen habe ich mich intensiv mit der syrischen Küche beschäftigt. Das Kochen wurde so gleichzeitig eine Verbindung zu meiner Heimat und zu meiner Familie. So erinnere ich mich oft daran, wie meine Mutter zum Beispiel Milchreis oder Zucchini mit Reis (Mahashi) kocht. Dieses Buch ist deshalb ein symbolisches Geschenk an die Mütter Syriens. Besonders an meine Mutter. Ich wünsche mir so sehr, dass dort bald wieder Frieden herrscht.

Seit einem Jahr wohne ich in einer Student_innen-WG in Marburg. Meine Mitbewohner_innen sind an der syrischen Küche sehr interessiert. Aber, sie ernähren sich alle vegetarisch oder vegan. Das gibt es in Syrien nur sehr selten. Da ich aber sehr gerne mit ihnen zusammen essen wollte, musste ich flexibel sein und experimentieren. Mittlerweile esse ich selbst nur noch wenig Fleisch.

So entstand am Küchentisch die Idee für ein veganes, syrisches Kochbuch. Wichtig war uns, dass es ein einfaches Kochbuch wird. Es soll für die schnelle (WG-) Küche geeignet und nicht zu ausgefallen sein. Denn das ist auch mein Kochstil. Viele Gerichte stammen von den finanziell schlechter gestellten Menschen Syriens und können für viele Personen zubereitet werden.

Mir ist sehr wichtig, dass Sie mit Gefühl kochen, denn es gibt nie „das richtige Rezept". Auch die Produkte sind oft geschmacklich sehr unterschiedlich, je nachdem wo Sie einkaufen. Ein bisschen mehr Salz, ein bisschen mehr Pfeffer, ein bisschen weniger Schärfe - wir alle können kreativ sein und Geschmäcker sind verschieden. Trauen Sie sich zu experimentieren und meine Rezepte zu verändern. Verlassen Sie sich auf Ihren Geschmack. Jedes Gericht ist für vier Personen ausgelegt.

Und falls Sie Fragen oder Anregungen haben, schreiben Sie mir gerne an: bilal@hummus-evolution.de

Und nun viel Spass mit diesem schönen Buch!
Bilal.

Marburg, Oktober 2016.

ES GEHT NICHT

um richtig und falsch,
nicht um Schuld,
nicht um die eigene Gesundheit,
nicht um Hip-Sein,
nicht um Lifestyle.

Es geht nicht darum, ob Du gerne Fleisch isst oder Milch trinkst.
Es geht nicht darum, ob ich es gerne tue.
Es geht nicht um die Frage nach den Unterschieden und Gemeinsamkeiten zwischen Menschen und Tieren.

Es geht um das Leid der Tiere.
Und es geht um die Frage, was es uns denn bedeutet.

Tiere haben Gefühle und wollen nicht leiden.

Die Leidensfähigkeit der Tiere zeigt uns unsere Pflichten auf.
Dir und mir - jeden Tag aufs Neue.

Du und ich - wir sind angesprochen. Wir sind angesprochen als ethische Subjekte.
Du und ich - wir können uns entscheiden, jeden Tag aufs Neue, in was für einer Welt wir leben wollen.

Ronja Vinzent

ZU BEGINN

BIO

„Hoffnungslosigkeit ist ein Luxusgut der Reichen"
Dorothee Sölle

Auch wenn wir uns immer wieder ohnmächtig fühlen, sollten wir uns daran erinnern, dass wir es selbst in der Hand haben, was und wie wir konsumieren. Jede und jeder von uns kann dazu beitragen die Ausbeutung von Mensch, Tier und Natur auf diesem Planeten zu verringern.
Deshalb empfehlen wir Produkte aus ökologischer Landwirtschaft und fair gehandelte Lebensmittel zu kaufen.

VEGAN

Alle Rezepte sind vegan. Es gibt einige Gerichte, die mit der Joghurt-Alternative „Soja-Joghurt" zubereitet werden. Nehmen Sie Soja-Joghurt (Achtung: keinen gesüßten Joghurt kaufen!) und verarbeiten Sie diesen folgendermaßen, um den Geschmack zu verbessern: 500 g Soja-Joghurt mit 1 TL Salz und ca. 2 EL Zitronensaft gut verrühren. Aber verlassen Sie sich ruhig auch auf Ihren eigenen Geschmack. Viele Soja-Joghurts schmecken auch unbearbeitet schon sehr gut.

KNOBLAUCH

Knoblauch und Zwiebeln produzieren Gase im Verdauungstrakt. Deshalb muss mensch sie nicht unbedingt nutzen. Unbestritten ist, dass sie oft den Geschmack verbessern. Das müssen Sie für sich selbst entscheiden. Ich persönlich koche sehr oft ohne Knoblauch, auch wenn ich den Geschmack sehr gerne mag, und obwohl ich weiß, dass er sehr gesund ist. Knoblauch ist ein natürliches Antibiotikum und hilft sehr gut bei Erkältung.
Für viele Gerichte eignet es sich, den Knoblauch zu stampfen, da der Geschmack so angenehm intensiviert wird. Gehen Sie dafür wie folgt vor:
Schneiden Sie die Knoblauchzehen so klein wie möglich. Streuen Sie dann etwas Salz darüber. Für drei Zehen benötigen Sie ungefähr einen Teelöffel. Nehmen Sie dann einen kleinen Stößel (ich nutze zum Beispiel ein altes Gewürzglas) und klopfen Sie den Knoblauch rasch, aber nicht zu fest, bis die Feuchtigkeit austritt und er breiig wird. So lässt er sich außerdem auch gut untermischen.

TAHIN

Oft ist das Tahin, welches es hier zu kaufen gibt, sehr hart und somit schwer zu verwerten, da es sich schlecht untermischen lässt. Entweder Sie kaufen gleich flüssiges Tahin, das gibt es im türkischen Supermarkt, oder Sie verflüssigen es, indem Sie es in einem kleinen Topf leicht erwärmen und gut verrühren. Wenn Sie es noch cremiger wollen, können Sie Sesamöl unterrühren.

FRITTIEREN

Zum Frittieren brauchen Sie nicht unbedingt eine Fritteuse. Ich selbst habe auch keine. Stattdessen nutze ich einen Topf. Dazu gebe ich 500-1000 ml Pflanzenöl in den Topf und erhitze es auf ca. 180 °C. Um zu überprüfen, ob das Fett schon heiß genug ist, geben Sie ein kleines Stückchen ihres Gemüses in den Topf. Wenn Bläschen nach oben steigen, ist das Öl heiß genug und Sie können mit dem Frittieren beginnen. Nach dem Frittieren empfehle ich, das frittierte Gemüse abtropfen zu lassen. Zuerst in einem Metall-Sieb über einer Schüssel und dann bei Bedarf noch auf einem mit Küchenpapier augelegtem Teller. Nach dem Frittieren können Sie das Öl im Topf aufbewahren oder mit einem Trichter in die Flasche zurück füllen und bis zu vier mal wieder verwenden.

GEBACKENES/FRITTIERTES BROT

Einige Gerichte werden mit gebackenem oder frittiertem Brot angerichtet. Hierbei gehen Sie folgendermaßen vor:
Nehmen Sie Chubz, das arabische Fladenbrot (nicht zu verwechseln mit türkischem Fladenbrot) und schneiden Sie es in 2 € große Stücke. Dann entweder im vorgeheizten Ofen bei 200 °C backen, bis es hellbraun und getrocknet ist, oder in einem Topf frittieren, bis es goldbraun ist. Vorsicht, nicht zu lange! Sonst schmeckt es verbrannt. Danach abtropfen lassen.

REIS

Es gibt viele unterschiedliche Reissorten. Ich selbst benutze in diesem Buch langkörnigen Basmati-Reis. Sie können natürlich je nach Geschmack Ihre bevorzugte Reissorte wählen. Informieren Sie sich dann aber im Vorhinein, wieviel Wasser Ihr Reis benötigt.

INHALT

SOSSEN UND DIPS

- Chubz *(Arabisches Brot)* 21
- M´tabbal zucchini *(Zucchini-Creme)* 23
- Creme Schawuandar *(Rote-Beete-Creme)* 25
- M´tabbal aubergine *(Auberginen-Creme mit Joghurt)* 27
- Laban b´khiar *(Joghurt-Soße)* 29
- Soß *(Paprika-Soße)* 31
- Baba Ghanoush *(Auberginen-Creme mit Öl)* ... 33
- Hummus Hab *(gekochte Kichererbsen)* 35
- Hummus 37

SALATE

- Fattoush *(Salat mit gebackenem Brot)* 43
- Taboulé *(Petersiliensalat mit Couscous)* 45

HAUPTGERICHTE

- Ful b´set *(Bohnen mit Öl)* 51
- Ful b´laban *(Bohnen mit Joghurt und Tahin)* 53
- Ful M´khalla *(Bohnen mit Koriander)* 55
- M´gaddara *(Bulgur mit Linsen und Zwiebeln)* . 57
- Jalengi *(Gefüllte Weinblätter)* 59
- Mahashi Flefle *(Gefüllte Paprikaschoten)* 61
- Fattah *(Frittiertes Brot mit Joghurt und Kichererbsen)* 63
- Ris *(Syrischer Reis - Basisrezept)* 65
- Ris & Basalia & Laous *(Reis mit Erbsen und Mandeln)* 67
- Ris Maqluba *(Reis mit Auberginen)* 69
- Mandi *(Geräucherter Reis)* 71
- Fahita *(Sojageschnetzeltes mit Gemüse)* 73
- Falafel 75

Falafel Sossen 77

M´tabhaka (Gebackenes Gemüse) 79

M´shakale (Gebratenes Gemüse mit Soja und Bulgur) 81

M´nasale batata (Kartoffelsuppe mit Bulgur) 83

Shorbah (Linsensuppe) 85

Mlouchia Almania (Grünkohl mit Soja und Reis) 87

Aldi b´set (Grüne Bohnen mit Tomaten) 89

DESSERT

Tamr Tahina (Datteln mit Tahin) 97

Mamoul (Dattelkekse) 99

Hellathia (Grieß) 101

Baklava 103

Salate fawakih (Obstsalat) 105

VIDEOS

Zu einigen Gerichten können Sie sich auf Ihrem Computer/Tablet/Smartphone ein dazugehöriges Kochvideo ansehen. Darin erklärt Bilal, wie er die entsprechenden Gerichte zubereitet. Dadurch sind bestimmte Kochvorgänge leichter nachzuvollziehen. Gleichzeitig ist es auch schön und lustig, Bilal beim kochen zuzusehen.

Wie geht das?!
Entweder Sie geben den Video-Link selbst in Ihren Browser ein oder Sie nutzen die QR-Code-Funktion. Bei den entsprechenden Rezepten finden sie einen QR-Code. Diesen können Sie mithilfe eines QR-Code-Scanners mit Ihrem Smartphone/Tablet scannen.
Dann werden Sie online direkt zum Video weitergeleitet. QR-Code-Scanner-Apps sind mittlerweile weit verbreitet, für alle Betriebssysteme vorhanden und meist kostenlos.

Für folgende Rezepte können Sie sich ein Kochvideo ansehen:
- M´TABBAL AUBERGINE
- LABAN B´KHIAR
- HUMMUS
- FATTOUSH
- FUL B´LABAN
- FATTAH
- RIS
- RIS MAQLUBA
- FALAFEL
- BAKLAVA

Außerdem gibt es auch einen kurzen Film über Bilal (den Code finden Sie auf S. 5) Diese Videos sind ausschließlich für dieses Kochbuch gedacht. Wir bitten darum, die Videos nicht ungefragt im Internet zu veröffentlichen.

An dieser Stelle möchten wir Felix und Valentin danken, die sehr viel Herzblut und Zeit in diese kleinen Meisterwerke gesteckt haben!

SOSSEN UND DIPS

CHUBZ

- 600 g Mehl
- 300 ml warmes Wasser
- 2 TL Zucker
- 2 TL Salz
- 42 g Frischhefe

Die Zutaten reichen etwa für 10 Brote.

» *Normalerweise kaufe ich mein arabisches Brot im Laden um die Ecke. Allerdings weiß ich, dass es das Brot in vielen Orten Deutschlands nicht zu kaufen gibt. Deshalb finden Sie hier mein Brot-Rezept.*

Alle Zutaten in einer Schüssel vermischen und ca. 10 Minuten zu einem Teig kneten. Ich empfehle, das Wasser während des Knetens nach und nach hinzuzugeben, denn so wird der Teig homogener. Daraufhin bedeckt für 1 Stunde ruhen lassen.

Dann apfelgroße Bällchen formen, in Mehl wenden und nochmal ca. 10 Minuten ruhen lassen. Währenddessen den Ofen vorheizen.

Die Teigbällchen mit einem Nudelholz in runde, ca. 4mm dicke Fladen ausrollen. Die Fladen sollten nicht zu dünn sein, denn sonst bläht sich das Brot im Ofen nicht auf.

Bei 220° C im Ofen backen. Wenn sich das Brot aufbläht und an manchen Stellen leicht braun färbt, ist es fertig.

Etwas abkühlen lassen und dann in einen Stoff-Beutel geben, damit es weich bleibt.

M'TABBAL ZUCCHINI

- *1 kg Zucchini*
- *100 g ungesüßter Soja-Joghurt*
- *50 – 100 g Tahin*
- *1 Knoblauchzehe*
- *Alternativ: Öl zum Frittieren*
- *Salz*

» Diese Creme kann mensch in Syrien nur selten in Restaurants oder Geschäften erwerben. Sie wird typischerweise nur zuhause zubereitet. Meine Mutter hat das sehr oft gemacht. Nun habe ich versucht, das Geheimnis dieser Creme zu entdecken.

Die Zucchinis in Scheiben schneiden. Dann die Zucchinis entweder frittieren, bis sie leicht angebräunt sind, oder mit viel Sonnenblumenöl in der Pfanne anbraten. Die frittierten Zucchinis in einem Sieb über einem Topf abkühlen und das Fett abtropfen lassen. Danach die Zucchinis mit Joghurt, Tahin, 1 TL Salz und einer gestampften Knoblauchzehe im Standmixer mixen oder mit dem Pürierstab pürieren.

Auf einem Teller oder in einer Schüssel anrichten und mit etwas Olivenöl verfeinern. Dazu zum Beispiel arabisches Brot (Chubz) reichen.

Tipp für feierliche Anlässe: Wenn Sie zusätzlich noch mehr Tahin hinzugeben, schmeckt es intensiver und noch besser.

CREME SCHAWUANDAR

- 500 g rote Beete (frisch oder im Glas)
- 5 EL Tahin
- 2 EL (ungesüßter) Soja-Joghurt
- 1 Knoblauchzehe
- 1 Zitrone
- 1 TL Salz
- 1 Msp Pfeffer

Optional: *1 TL Rosmarin*

» *Rote Beete erinnert mich an den Winter in Syrien. Nur meine Eltern hatten ein separates Zimmer. Wir Kinder hatten unsere eigenen Matratzen und haben uns zum Schlafen damit ins Wohnzimmer gelegt. Im Winter hat es dort immer nach roter Beete gerochen, denn meine Mutter hat die rote Beete auf der Diesel-Heizung gekocht.*

Wenn Sie frische rote Beete verwenden, kochen Sie diese (wie Kartoffeln), bis sie weich sind. Danach abkühlen lassen und schälen.

Die rote Beete zerkleinern und mit den anderen Zutaten mit einem Pürier-Stab zu einer Creme mixen.

Tipp: Pürieren Sie die rote Beete nicht komplett! Ich finde es sehr lecker, wenn noch ein paar Stückchen von ihr in der Creme zu finden sind.

Danach ca. eine Stunde im Kühlschrank abkühlen lassen.

Auf einem Teller oder in einer Schüssel anrichten und mit etwas Olivenöl verfeinern. Dazu zum Beispiel arabisches Brot reichen.

M'TABBAL AUBERGINE

www.hummus-evolution.de/
mtabbal

- 1 kg Aubergine
- 150 g ungesüßter Soja-Joghurt
- 50-100 g Tahin
- 1-3 Knoblauchzehen
- Alternativ: Öl zum Frittieren
- Salz

» *Das ist meine Leibspeise. Wenn es M'tabbal aubergine gibt, brauche ich nichts anderes mehr. Denn ich esse so viel davon.*

Auberginen mit einer Gabel an mehreren Stellen anpiksen und eine Stunde bei 250 °C im Backofen backen, bis sie sehr weich sind.

» *Für nur 1 kg Auberginen ist der hohe Energieaufwand eigentlich nicht vertretbar. Deshalb machen wir meist mehr von dieser Creme. Sie hält sich im Kühlschrank bis zu zehn Tage lang.*
Wenn Sie eventuell auch in der nächsten Zeit Lust auf Auberginen-Creme haben werden, könnten Sie auch gleich eine größere Menge backen und das übrige Fruchtfleisch einfrieren. Alternativ kann mensch die Auberginen auch frittieren, am Lagerfeuer / auf dem Grill grillen oder mit viel Öl anbraten, bis sie sehr weich sind.

Wenn die Auberginen fertig gebacken sind, abkühlen lassen. Die Auberginen etwa nach einer halben Stunde mit einem Messer öffnen und das Fruchtfleisch mit einem Löffel herausschaben. Das Fruchtfleisch in ein Sieb über einen Topf geben und abkühlen sowie abtropfen lassen.

Zuletzt das Auberginenfleisch mit Joghurt, Tahin, 1 TL Salz und dem Knoblauch im Standmixer mixen oder mit dem Pürierstab pürieren.

Auf einem Teller oder in einer Schüssel anrichten und mit etwas Olivenöl verfeinern. Dazu zum Beispiel arabisches Brot reichen.

Tipp für feierliche Anlässe: Wenn Sie zusätzlich noch mehr Tahin hinzugeben, schmeckt es intensiver und noch besser.

LABAN B' KHIAR

- 500 g ungesüßter Soja-Joghurt
- 1/2 Gurke
- 1 EL getrocknete Minze oder 1 Handvoll frische Minze
- 1-3 Knoblauchzehe(n)
- Salz

» Diese Soße schmeckt einfach gut. Außerdem ist sie mit etwas mehr Knoblauch und Wasser verdünnt eine gute Medizin gegen Erkältung. Wenn meine Mitbewohner_innen krank sind, stelle ich ihnen - bevor sie schlafen gehen - ein Glas davon ans Bett.

Zuerst den Joghurt in eine Schüssel geben. Die Gurke so klein wie möglich in Stückchen schneiden und mit dem Joghurt verrühren. Den gestampften Knoblauch hinzugeben. Je nachdem wie intensiv Sie es mögen, können Sie eine bis drei Knoblauchzehe(n) verwenden. Falls Sie frische Minze nutzen (was ich empfehle), sollten Sie diese sehr klein schneiden und mit dem Knoblauch und 1 TL Salz zum Joghurt geben. Nun 150 ml Wasser dazu geben und alles kräftig vermischen. Gegebenenfalls mit etwas Salz nachwürzen.

Servieren Sie Laban b´khiar zu Reis oder M´gaddara.

SOSS

- 2 Tomaten
- 1 rote Paprika
- 1 grüne Paprika
- 1 Zwiebel
- 1 Knoblauchzehe
- 2 TL Chili
- Salz

» *Diese Soße lässt sich schnell zubereiten und schmeckt sehr gut. Eine klassische Gemüsesoße.*

Die Paprika, die Zwiebel, den Knoblauch und die Tomaten klein schneiden. Dann mit etwa 100 ml kochendem Wasser für etwa 7 Minuten in einem Topf köcheln lassen. 1 TL Salz und 2 TL Chili dazu geben und zuletzt pürieren.

Diese Soße schmeckt sehr gut zu Reis (z.B. Mandi).

BABA GHANOUSH

- 1 kg Auberginen
- 1 Tomate
- 15 Blätter frische Minze
- 1 Zwiebel
- 2 Knoblauchzehen
- 1/2 Glas Granatapfelsirup
- 2 TL Salz
- 1 TL Pfeffer

» Diese Vorspeise hat einen lustigen Namen. Sie heißt übersetzt „kokettierender Vater". Ich kann Ihnen leider nicht erklären warum, aber dieses Gericht hat in Syrien eine lange Tradition.

Auberginen mit einer Gabel an mehreren Stellen anpiksen und für eine Stunde bei 250 °C im Backofen backen, bis sie sehr weich sind.

» Für nur 1 kg Auberginen ist der hohe Energieaufwand eigentlich nicht vertretbar. Deshalb machen wir meist mehr von dieser Creme. Sie hält sich im Kühlschrank bis zu zehn Tage.
Wenn Sie eventuell auch in der nächsten Zeit Lust auf Auberginen-Creme haben werden, könnten Sie auch gleich eine größere Menge backen und das übrige Fruchtfleisch einfrieren. Alternativ kann mensch die Auberginen auch frittieren, am Lagerfeuer/ auf dem Grill grillen oder mit viel Öl anbraten, bis sie sehr weich sind.

Währenddessen die Zwiebel, die Minze und die Tomate sehr klein schneiden und den gepressten Knoblauch zerstampfen. Wenn die Auberginen fertig gebacken sind, abkühlen lassen. Die Auberginen etwa nach einer haben Stunde mit einem Messer öffnen und das Fruchtfleisch mit einem Messer herausschaben. Das Fruchtfleisch in ein Sieb über einen Topf geben und weiter abkühlen und abtropfen lassen. Wenn das Fruchtfleisch kühl ist, alles mit einer Gabel zerkleinern. Darüber ein halbes Glas Granatapfelsirup, Salz und Pfeffer geben und mit den restlichen Zutaten gut vermischen.

Auf einem Teller oder in einer Schüssel anrichten und mit etwas Olivenöl verfeinern. Servieren Sie dazu zum Beispiel arabisches Brot.

HUMMUS HAB

— 200 g getrocknete Kichererbsen und Natron
(ergibt ca. 500g gekochte Kichererbsen)

» *In Syrien heißen Kichererbsen „Hummus". Sie sind ein wichtiger Bestandteil der syrischen Küche. Dafür können Sie natürlich auch fertige Kichererbsen aus der Dose nutzen. Allerdings schmecken diese nicht so intensiv und sie werden mit chemischen Konservierungsstoffen zubereitet. Aber ich nutze auch manchmal Kichererbsen aus der Dose, denn es braucht etwas Zeit, die Kichererbsen zu kochen. Aber es lohnt sich - selbstgekochte Kichererbsen sind ein Traum! Deswegen möchte ich Ihnen beschreiben, wir Sie die Kichererbsen kochen können.*

Die getrockneten Kichererbsen für 10 Stunden (im Sommer) oder 20 Stunden (im Winter) in einer Schüssel Wasser mit 1 TL Natron über Nacht quellen lassen.

Nach dem Quellen die Kichererbsen mit der doppelten Menge Wasser und einer Messerspitze Natron bei kleiner Flamme kochen, bis sie weich sind (max. 1 Stunde). Es ist wichtig, dass das Wasser nicht zu sprudelnd kocht, denn sonst verlieren die Kichererbsen ihre Schale und zerfallen. Falls Schaum entsteht, sollten Sie diesen abschöpfen (zum Beispiel mit einem Schaumlöffel).

Wenn die Kichererbsen weich sind, absieben und abkühlen lassen.
Guten Appetit!

» *Um zu testen, ob die Kichererbsen gar sind, nehmen die Köchinnen und Köche in den syrischen Restaurants eine einzelne Kichererbse aus dem kochenden Wasser und werfen sie kraftvoll gegen eine Wand. Wenn die Kichererbse an den Kacheln kleben bleibt oder zerfällt, sind die Kichererbsen fertig.*

HUMMUS

- 400 g gekochte Kichererbsen (siehe Hummus Hab)
- 100 – 150 g Tahin
- 50 ml Zitronensaft oder 1 TL Zitronat
- Salz

Optional:
- 1 Knoblauchzehe
- 5 Eiswürfel

» *Als ich 14 Jahre alt war, habe ich meinem Vater und meinen Brüdern oft bei ihrer Arbeit geholfen. Wir mussten dann sehr früh aufstehen. In der Frühstückspause haben wir oft Hummus mit frischem Brot gegessen.*

Dies reicht als Vorspeise für 4 Personen. Wenn Sie Hummus als Hauptspeise essen wollen, brauchen Sie die doppelte Menge.

Die gekochten Kichererbsen im Stand-Mixer mit ca. 120 ml kaltem Wasser, Tahin, 2 TL Salz und dem Zitronensaft oder dem Zitronat so lange mixen, bis es cremig ist. Optional können Sie auch noch eine Knoblauchzehe und 5 Eiswürfel (macht den Hummus noch dicker und cremiger) mit hineingeben. Sie können natürlich auch einen Pürierstab nutzen. Das dauert dann etwas länger und wird eventuell nicht ganz so cremig.

Nach dem Pürieren den Hummus im Kühlschrank 30 Minuten abkühlen lassen (falls Sie kein Eis verwendet haben).

Auf einem Teller oder in einer Schüssel anrichten und mit etwas Olivenöl verfeinern. Servieren Sie dazu arabisches Brot.

Tipp für feierliche Anlässe: Wenn Sie zusätzlich noch mehr Tahin hinzugeben, schmeckt es intensiver und noch besser.

NOTIZEN

SALATE

FATTOUSH

www.hummus-evolution.de/fattoush

- *100 g Salat (z.B. Eisbergsalat oder optimal: Salatherzen)*
- *100 g Feldsalat*
- *4 Tomaten*
- *1 Gurke*
- *1 Zitrone*
- *150 g schwarze Oliven*
- *1 Arabisches Brot (oder falls schon vorhanden: frittiertes/gebackenes arabisches Brot)*
- *100 ml Zitronensaft (oder 50 ml Essig)*
- *100 ml Olivenöl*
- *Salz*

Optional:
- *1 Zwiebel*
- *2 Knoblauchzehen*
- *2 EL Granatapfelsirup*
- *1 EL getrocknete Minze oder 15 frische Minzblätter*

» *Fattoush ist der typische syrische Salat. Im Sommer schmeckt er besonders gut.*

Zuerst das Brot backen oder frittieren (siehe Seite 11). Währenddessen das Gemüse schneiden:
- Tomaten in kleine Würfel schneiden
- Salat waschen und in kleine Stücke schneiden
- Feldsalat waschen und trocknen
- Zitrone schälen und in kleine Würfel schneiden
- Gurke in kleine Würfel schneiden
- optional - je nach Geschmack: die frische Minze zerkleinern, die Zwiebel in halbe Ringe schneiden und die Knoblauchzehen stampfen.

Das Gemüse in einer Schüssel vermengen. Für die Salatsoße mischen Sie Olivenöl, Zitronensaft (oder Essig), 1-2 TL Salz und optional zwei gestampfte Knoblauchzehen und Granatapfelsirup in einem Glas.

Das frittierte Brot erst kurz vor dem Servieren mit der Soße unter den Salat mischen.

TABOULÉ

- 1 oder 2 Bund glatte Petersilie
- 50 ml Zitronensaft
- 1 1/2 Tomate
- 2 bis 5 EL Couscous
- Olivenöl
- Salz

» Seien Sie nicht verwundert: Das syrische Taboulé ist eher ein Petersiliensalat als ein Couscous-Salat. Wir verwenden traditionell deshalb nur sehr wenig Couscous. Sie können aber natürlich nach Belieben mehr davon nehmen.

Zuerst die harten Stengel der Petersilie abtrennen. Die Petersilie sehr klein hacken und in eine Schüssel geben. Den Couscous mit etwas Wasser benetzen und ca. 10 Minuten einweichen lassen. Währenddessen eine Zitrone auspressen und den Saft vermischt mit einem Teelöffel Salz über der Petersilie verteilen. Couscous hinzugeben und alle Zutaten verrühren.

Zuletzt eine halbe, sehr klein geschnittene Tomate darüber streuen und Olivenöl darüber träufeln.

HAUPTGERICHTE

FUL B'SET

- 800 g gekochte, dicke Saubohnen (Dose)
- 2 Tomaten
- 100 ml Olivenöl
- 2 Knoblauchzehen
- 5 EL Zitronensaft
- 1 Handvoll glatte Petersilie
- 2 TL Kreuzkümmel
- 2 TL Salz
- Arabisches Brot

Optional:
- 1 Handvoll frische Minze
- 2 rohe Zwiebeln
- 8 Essiggürkchen

» *Ich erinnere mich an viele Freitagnachmittage, an denen ich mit meiner Familie und meinen Freund_innen gemeinsam Ful b'set gefrühstückt habe.*

Zuerst die Bohnen gut waschen. Dann die Bohnen fünf Minuten in köchelndem Wasser abkochen und das Wasser anschließend abgießen. Den Knoblauch stampfen und in einer Schüssel mit Zitronensaft, Salz und Kreuzkümmel gut verrühren. Gemeinsam mit den Bohnen in einem Topf verrühren.

Tomaten sehr klein schneiden und oben auf den Bohnen verteilen. Petersilie klein schneiden und auf die Tomaten geben. Abschließend noch das Olivenöl darüber gießen.

Mit Brot (zum Frühstück) genießen. Traditionell wird dazu ein Teller mit frischer Minze, roher Zwiebel und Essiggürkchen gereicht.

FUL B'LABAN

- 800 g gekochte, dicke Saubohnen (Dose)
- 2 Tomaten
- 100 ml Olivenöl
- 300 g ungesüßter Soja-Joghurt
- 100 g Tahin
- 5 EL Zitronensaft
- 2 Zehen Knoblauch
- 1 Handvoll glatte Petersilie
- 1 TL Kreuzkümmel (gemahlen)
- Salz
- Arabisches Brot

Optional:
- 1 Handvoll frische Minze
- 2 rohe Zwiebeln
- 8 Essiggürkchen

Zuerst die Bohnen gut waschen. Dann die Bohnen fünf Minuten in köchelndem Wasser abkochen und das Wasser anschließend abgießen.

Die Bohnen in einem Topf mit 1 TL Kreuzkümmel und 1 TL Salz vorsichtig verrühren.

Den Knoblauch stampfen und in einer Schüssel mit Joghurt, Tahin, 5 EL Zitronensaft und 2 TL Salz gut verrühren. Die Mischung über die Bohnen im Topf geben. Tomaten sehr klein schneiden und oben auf den Bohnen verteilen. Petersilie klein schneiden und auf die Tomaten geben. Zum Abschluss noch das Olivenöl darüber gießen.

Mit Brot (zum Frühstück) genießen. Traditionell wird dazu ein Teller mit frischer Minze, roher Zwiebel und Essiggürkchen gereicht.

FUL M'KHALLA

- *1 kg junge, dicke Ackerbohnen aus dem Glas (wenn Sie frische Bohnen verwenden wollen, benötigen Sie insgesamt 3-4 kg Schoten)*
- *90 g frischer Koriander*
- *3 Knoblauchzehen*
- *1 TL Salz*
- *1 TL Pfeffer*
- *50 ml Olivenöl*

» *Der Frühling ist in Syrien Ful-Zeit. Mein Vater hat jedes Jahr 100 kg Bohnen gekauft und die ganze Verwandtschaft eingeladen, um zusammen Bohnen zu pulen und sie dann einzufrieren. Während dieser Zeit war ich aber am liebsten mit meinen Freunden selbst auf dem Bohnenfeld, wo wir die Bohnen direkt auf einem Campingkocher gekocht haben.*

Wenn Sie frische Bohnen verwenden, pulen sie die Kerne aus den Schoten und spülen Sie diese mit frischem Wasser ab.

Wenn Sie Bohnen aus dem Glas verwenden:
Die Bohnen in eine Pfanne geben und mit dem gepresstem Knoblauch und 50 ml Olivenöl etwa 10 Minuten auf mittlerer Flamme anbraten.

Wenn Sie frische Bohnen verwenden:
Die Bohnen mit 100 ml heißem Wasser, 2 EL Zucker und 2 TL Salz in einem abgedeckten Topf für etwa 15 bis 20 Minuten köcheln lassen, bis sie weich sind. Alle 3 bis 4 Minuten umrühren. Die Bohnen abgießen und mit dem gepresstem Knoblauch und 50 ml Olivenöl etwa 10 Minuten in einer Pfanne auf mittlerer Flamme anbraten.

Während die Bohnen in der Pfanne gebraten werden den Koriander klein hacken. Dann den Koriander, 1 TL Salz und 1 TL Pfeffer hinzugeben und weitere zwei Minuten braten.

Mit arabischem Brot und Soja-Joghurt servieren.

M'GADDARA

- 500 g grober Bulgur
- 250 g Teller-Linsen
- 750 g Zwiebeln
- 100 ml Olivenöl
- Salz
- Pfeffer
- optional: Zimt

》 *Mit diesem Gericht verbinde ich viele schöne Erinnerungen. Es war die letzte Mahlzeit, die meine Mama im Januar 2012 für mich gekocht hat. Ich werde den Geschmack nie vergessen. M'gaddara schenkt mir im Winter Wärme wie meine Mutter. Danke Mama und bis bald!*

Die Zwiebeln in Ringe schneiden und mit viel Öl in eine große Pfanne geben. Bei niedriger Hitze langsam andünsten. Immer wieder rühren bis sie sehr weich sind und eine goldbraune Farbe annehmen. Dies dauert etwa 30 bis 45 Minuten (nicht scharf anbraten).

Währenddessen die Linsen kochen bis sie al dente sind. Den Bulgur daraufgeben und so viel kochendes Wasser hinzugeben, dass es einen Zentimeter über den Linsen und dem Bulgur steht. Außerdem 100 ml Olivenöl, 1 EL Salz, 1 TL Pfeffer und eine Messerspitze Zimt (für das gute Gefühl) darüber streuen. Auf kleinster Hitze ziehen lassen, bis das Wasser verschwunden ist. Dann mehrmals umrühren und ggf. nachwürzen.

Mit den gebratenen Zwiebeln und Laban b' khiar servieren.

》 *Dies ist ein sehr traditionelles syrisches Gericht. Das Schöne daran ist, dass es Menschen aller Gesellschaftsschichten mit derselben Leidenschaft essen.*
Wir kochen in unserer WG meistens sehr viel davon, denn es schmeckt am nächsten Tag noch besser (sowohl kalt, als auch warm).

JALENGI

Für zehn Stück pro Person:
- *40 eingelegte Weinblätter (entweder fertig aus dem Glas oder selbstgemacht frisch vom Weinstock)*
- *250 g Reis*
- *2 kleine Tomaten (oder 400 g passierte Tomaten)*
- *2 Knoblauchzehen und eine Knoblauchknolle*
- *4 Kartoffeln*
- *50 ml Zitronensaft*
- *1 TL getrocknete Minze*
- *1 TL gemahlener Kaffee*
- *1 TL scharfes Chili-Pulver*
- *50 g frische, glatte Petersilie*
- *Salz und Pfeffer*
- *Olivenöl*

» *Ein Freund hat mir das Geheimnis seiner Mutter verraten: Sie mischt ein wenig Kaffeepulver in die Reisfüllung. Ich finde das sehr praktisch, denn so spare ich mir den Kaffee danach.*

Wenn Sie die Weinblätter selbst pflücken wollen, sollten die Blätter schön grün und nicht zu dick sein. Im August sind die Blätter dafür meistens sehr gut geeignet. Die gewaschenen Blätter in einen Topf mit Wasser geben und anschließend 6-8 Minuten auf mittlerer Flamme köcheln lassen. So werden die Blätter weicher. Anschließend das Wasser abgießen und abkühlen lassen.

Zuerst den Reis waschen. Dann eine Zwiebel zerkleinern und in reichlich Olivenöl anbraten. Währenddessen zwei Tomaten sehr klein schneiden und hinzugeben (alternativ können Sie auch passierte Tomaten nutzen). Anschließend zwei gepresste Knoblauchzehen, 1 TL getrocknete Minze dazugeben und alles ungefähr 5 Minuten köcheln lassen. Dann die Pfanne vom Herd nehmen und den gewaschenen Reis dazugeben. Anschließend 1 EL Salz, 1 TL Pfeffer, 1 TL Chili-Pulver, 1 TL gemahlener Kaffee, 2 EL Zitronensaft, 50 g fein gehackte Petersilie hinzufügen und alles miteinander vermischen.

Dann die Kartoffeln schälen, in 1cm dicke Scheiben schneiden und damit den eingeölten Topfboden bedecken. Dies dient dazu, dass die Weinblätter später nicht am Topfboden festkleben. Den Strunk einer ungeschälten Knoblauchknolle abschneiden (siehe Foto oben links) und auf die Kartoffeln legen.

Ein Weinblatt mit der glatten Oberfläche nach oben und mit dem Zweigende zu sich auf ein Brett legen. Etwa einen Esslöffel der Reisfüllung auf die untere Mitte des Blattes geben. Dann die rechte und linke Blattseite über dem Reis zuklappen und von unten nach oben mit etwas Druck einrollen. Es ist wichtig, dass die gesamte Reisfüllung gut vom Weinblatt verschlossen ist.

Dann die gefüllten Weinblätter im Topf aufeinander stapeln, so dass sie dicht zusammen liegen. Wenn Sie möchten, können Sie auch noch ein paar Kartoffelscheiben hinzugeben. Sind alle im Topf, 1 TL Salz darüber streuen und mit einen umgedrehten Teller beschweren. So schwimmen die gefüllten Weinblätter während des Kochvorgangs nicht im Topf umher. Etwa 750 ml kochendes Wasser in den Topf gießen und mit geschlossenem Deckel auf kleiner Hitze ca. 60 Minuten köcheln lassen. Geben Sie währenddessen nach 45 Minuten ca. 40 ml Zitronensaft hinzu. Dann die gefüllten Weinblätter in einer Auflaufform mit den Kartoffeln anrichten.

Den Sud können Sie in eine Schüssel abgießen und als Soße, sowie den cremig gewordenen Knoblauch als Dip verwenden.

MAHASHI FLEFLE

- 6 Paprikaschoten
- 350 g Reis
- 1 Tasse Soja-Granulat
- 4 Kartoffeln
- 400 g passierte Tomaten
- 2 EL Tomatenmark
- 4 Knoblauchzehen
- 50 ml Zitronensaft
- 1 TL getrocknete Minze
- 1 TL scharfes Chili-Pulver
- 50 g frische, glatte Petersilie
- Salz und Pfeffer
- Olivenöl

» *In Syrien befüllen wir auch kleine Zucchinis mit Reis. Es ist allerdings etwas kompliziert die Zucchinis auszuhöhlen und man braucht dafür sogar ein extra Messer. Ich finde aber, die gefüllten Paprikaschoten schmecken genauso gut.*

Zuerst den Reis waschen. Dann eine Zwiebel zerkleinern und in reichlich Olivenöl anbraten. Danach die passierten Tomaten und das Tomatenmark hinzugeben. Anschließend zwei gepresste Knoblauchzehen und 1 TL getrocknete Minze dazugeben und alles ungefähr 5 Minuten köcheln lassen. Dann die Pfanne vom Herd nehmen und den gewaschenen Reis und das Soja-Granulat dazugeben und mit 1 EL Salz, 1 TL Pfeffer, 1 TL Chili-Pulver, 2 EL Zitronensaft und 50 g fein gehackter Petersilie vermischen.

Nun die Kartoffeln schälen, in 1cm dicke Scheiben schneiden und damit den eingeölten Topfboden bedecken. Dies dient dazu, dass die Paprikaschoten später nicht am Topfboden festkleben.

Die Stiele der einzelnen Paprikaschoten vorsichtig mit einem Messer herausschneiden und aufbewahren. Der Stiehl dient später als „Stöpsel". Entfernen Sie dafür das restliche weiße Fruchtfleisch und die Kerne vom Strunk.

Anschließend die Paprikaschoten vorsichtig säubern, entkernen und mit etwa 4 EL der Reisfüllung befüllen. Dabei hilft es, die Paprika immer wieder leicht zu schütteln, damit sich der Reis gut verteilt. Anschließend den Stiel wieder in die Paprikaschote einsetzen, sodass die Füllung gut verschlossen ist. Optional können Sie die Öffnung auch mit einer Kartoffelscheibe verschließen.

Dann die gefüllten Paprikaschoten mit der Öffnung nach oben in den Topf setzen, sodass sie nebeneinander stehen und sich gegenseitig stabilisieren.

Zuletzt kochendes Wasser in den Topf gießen, bis alle Paprikaschoten mit Wasser bedeckt sind, einen Esslöffel Salz hinzugeben und etwa 35 Minuten auf mittlerer Flamme köcheln lassen.

Mit Salat und Sos servieren.

FATTAH

- 400 g gekochte Kichererbsen (aus der Dose oder selbst gekocht)
- 2 gebackene oder frittierte arabische Brote, gestückelt (Siehe Seite 11)
- 1 kg ungesüßter Soja-Joghurt
- 150 g Tahin
- 6 TL Zitronensaft
- 4 Knoblauchzehen
- 1 TL Kreuzkümmel
- 2 EL pflanzliches Ghee oder Sonnenblumenöl
- Salz
- optional, aber optimal: blanchierte Mandeln

» *Fattah am Morgen und der Tag könnte sehr schön werden. In Syrien wurde dieses Gericht oft mit altem Brot gekocht um die Brotreste zu verwerten.*

Kichererbsen aus der Dose gut waschen. Optional: zur bestmöglichen Reinigung noch fünf Minuten mit köchelndem Wasser abkochen und dieses dann abgießen. So werden sie gleichzeitig auch noch warm.

Den Joghurt mit Tahin, Zitronensaft, dem gestampften Knoblauch und 2 TL Salz in einer Schüssel zu einer Creme verrühren.
Den Boden einer Auflaufform mit dem gebackenem/frittiertem Brot bedecken. Darauf etwa 300 g Kichererbsen mit 1/2 TL Salz, 1 TL Kreuzkümmel und 5 EL Wasser geben. Der Kreuzkümmel verhindert die Gasbildung durch Kichererbsen im Magen. Die halbe Menge der Creme dazugeben und das Ganze vorsichtig verrühren. Danach die übrige Creme mithilfe eines Löffels gleichmäßig darüber verteilen.

Ghee oder Sonnenblumenöl in einem kleinen Topf erhitzen. Optional können Sie darin auch noch blanchierte Mandeln anbraten.

Zum Abschluss die übrigen Kichererbsen (und gegebenenfalls auch die Mandeln) darauf verteilen und das erhitzte Ghee oder Sonnenblumenöl darüber träufeln (dass es zischt).

Mit frischem, arabischem Brot genießen.

RIS

www.hummus-evolution.de/
ris

- 500 g Basmati-Reis
- Olivenöl
- 1–2 TL Salz
- 1–2 TL Pfeffer

» In Syrien wird Reis zu sehr vielen unterschiedlichen Gerichten gegessen. Nun verrate ich Ihnen das Geheimnis des syrischen Reis.

Den Reis mehrmals waschen und 20 bis 30 Minuten in kühlem, frischem Wasser quellen lassen. Anschließend den Reis kurz in 6 EL Olivenöl anbraten, sodass er glänzt. Nicht zu lange - maximal zwei Minuten - sonst brennt er an. Kochendes Wasser hinzugeben, sodass es 1 cm über dem Reis steht. Dazu Salz und Pfeffer geben und einmal umrühren. Dann bei kleiner Flamme köcheln lassen, bis das Wasser verdampft ist. Dabei so selten wie möglich den Deckel öffnen und nicht umrühren.

Tipp: Je mehr Reis Sie kochen, desto länger ist die Kochzeit. Wenn Sie nur 200g Reis kochen, ist die Kochzeit deutlich kürzer. Wenn die Reiskörner auf der Oberfläche nicht mehr gerade und flach liegen, sondern sich etwas beugen, ist der Reis fertig.

Zuletzt den Reis einmal kraftvoll umrühren/wenden, von der Flamme nehmen und noch einmal für 2 Minuten bei geschlossenem Deckel stehen lassen.
Anschließend den Reis in einer Auflaufform oder auf einem großen Blech verteilen, sodass die Reiskörner einzeln liegen und nicht zusammenkleben.

» Ich sage immer: „Reis bedeutet Geduld". Er braucht seine Ruhe, um weich zu werden. Rühren Sie also nicht unnötig darin herum oder heben den Deckel ab. Er ist sehr friedlich und möchte entspannen. Dann wird er gerne zu Ihnen an den Esstisch kommen.

RIS & BASALIA & LAOUS

- 2 Gläser Basmati-Reis
- 300 g Erbsen (tiefgekühlt)
- 100 g blanchierte Mandeln
- 5 EL Zucker
- Pfeffer
- Salz

» *Reis mit Erbsen und Mandeln wurde traditionell bei Hochzeitsfeiern in meiner Stadt Duma (Kreis Damaskus) serviert. Wenn ich dieses Gericht zubereite, dann erinnere ich mich daran, wie dort gefeiert wurde. Die Menschen trafen sich in den Straßen und wirklich jede Person wurde eingeladen. Das waren sehr große und fröhliche Feste.*

Den Reis mehrmals waschen und 20 bis 30 Minuten in kühlem, frischem Wasser quellen lassen. Falls Sie ungeschälte Mandeln gekauft haben, können Sie die Haut folgendermaßen entfernen: Mandeln in einen Topf geben und kochendes Wasser darauf gießen. Nach 5-10 Minuten Wartezeit das Wasser abgießen. Nun sollte sich die Haut der Mandeln gut ablösen lassen.
Tiefgekühlte Erbsen in einen Topf mit Wasser geben, erhitzen und 5 EL Zucker hinzugeben. Die Erbsen solange im Wasser lassen, bis das Wasser kocht. Dann das Wasser abgießen. Die Mandeln abtrocknen und ca. 5 Minuten in Öl unter stetigem Rühren anbraten, bis sie goldbraun sind. Die Erbsen hinzugeben und weitere 2-3 Minuten unter Rühren braten. 1/2 TL Pfeffer und 1/2 TL Salz hinzugeben. Anschließend den Reis kurz in 6 EL Olivenöl anbraten, sodass er glänzt. Nicht zu lange - maximal zwei Minuten - sonst brennt er an. Dann kochendes Wasser hinzugeben, sodass es 1 cm über dem Reis steht. Dazu 1-2 TL Pfeffer und 1-2 TL Salz ins Wasser geben und einmal umrühren. Dann bei kleiner Flamme köcheln lassen, bis das Wasser verdampft ist. Dabei so selten wie möglich den Deckel öffnen und nicht umrühren.

Tipp: Wenn die Reiskörner auf der Oberfläche nicht mehr gerade und flach liegen, sondern sich etwas beugen, ist der Reis fertig.

Zuletzt den Reis einmal kraftvoll umrühren, von der Flamme nehmen und noch einmal für 2 Minuten bei geschlossenem Deckel stehen lassen. Danach in eine Auflaufform umfüllen.
Am Ende werden die Erbsen und Mandeln auf den Reis gegeben, sodass der ganze Reis bedeckt ist.
Mit Laban b'khiar servieren.

RIS MAQLUBA

- *2 Gläser Basmati-Reis*
- *1 kg Aubergine (2-3 Stück)*
- *optional: 100 g blanchierte Mandeln*
- *Öl zum Frittieren*
- *Salz und Pfeffer*

Den Reis mehrmals waschen und 20 bis 30 Minuten in kühlem, frischem Wasser quellen lassen. Auberginen waschen und schälen. Die Schalenreste aufbewahren. Ein paar Streifen Haut dürfen an der Aubergine bleiben, denn dies bewirkt später eine schöne Farbe. Dann der Länge nach in 1 cm dicke Scheiben schneiden, für den besseren Geschmack mit etwas Salz bestreuen („ausbluten" lassen) und so lange frittieren, bis sie hellbraun sind.

Währenddessen die Innenseiten des Topfes mit den Auberginenschalen-Resten bedecken. Wenn die Auberginenscheiben fertig frittiert sind, damit ein Auberginenbett im Topf über den Schalenresten auslegen. Den Reis darauf geben und 1 TL Pfeffer, sowie 1 TL Salz darüber streuen. Der Reis wird im Auberginenbett gekocht. Geben Sie dazu zwei Gläser kochendes Wasser in den Topf und kochen Sie den Reis 20 bis 25 Minuten bei kleiner Flamme, bis das Wasser verdampft ist. Dabei so selten wie möglich den Deckel öffnen.

Tipp: Wenn die Reiskörner auf der Oberfläche nicht mehr gerade und flach liegen, sondern sich etwas beugen, ist der Reis fertig.

Zuletzt den Reis einmal umrühren, von der Flamme nehmen und noch einmal für 2 Minuten bei geschlossenem Deckel stehen lassen. Dann den Topf - mit einem Teller abgedeckt - vorsichtig um 180° wenden, sodass er wie ein Kuchen auf dem Teller steht. Die Auberginen liegen oben. Optional können Sie auch noch gebratene Mandeln dazu geben.

Falls Sie ungeschälte Mandeln gekauft haben, können Sie die Haut folgendermaßen entfernen: Mandeln in einen Topf geben und kochendes Wasser darauf gießen. Nach 5-10 Minuten Wartezeit das Wasser abgießen. Nun sollte sich die Haut der Mandeln gut ablösen lassen. Danach die Mandeln abtrocknen und ca. 5 Minuten in Öl unter stetigem Rühren anbraten, bis sie goldbraun sind.

Mit Laban b'khiar servieren.

MANDI

- 2 Gläser Basmati-Reis
- 100 g blanchierte Mandel geschält
- 100 g Rosinen
- 1 TL rote oder orange Lebensmittelfarbe (Pulver)
- 1 Grillkohle
- Mandi-Gewürz
  (falls nicht verfügbar, können Sie stattdessen auch eine Messerspitze Zimt, eine Messerspitze gemahlene Nelke, eine Messerspitze Pfeffer und ein kleines Stückchen frischen Ingwer als Ersatz verwenden)
- Salz

Den Reis mehrmals waschen und 20 Minuten in leicht kühlem, frischem Wasser quellen lassen. Währenddessen auch die Rosinen 20 Minuten in warmem Wasser quellen lassen.

Falls Sie ungeschälte Mandeln gekauft haben, können Sie die Haut folgendermaßen entfernen: Mandeln in einen Topf geben und kochendes Wasser darauf gießen. Nach 5–10 Minuten Wartezeit das Wasser abgießen. Nun sollte sich die Haut der Mandeln gut ablösen können. Die Mandeln abtrocknen und ca. 5 Minuten in Öl unter stetigem Rühren anbraten, bis sie goldbraun sind. Die Mandeln und Rosinen zusammen in ein Schälchen geben.

Den Reis sehr kurz in kurz in 6 EL Olivenöl anbraten, sodass er glänzt. Anschließend kochendes Wasser hinzugeben. Es sollte einen Zentimeter über dem Reis stehen. Dazu 1–2 TL Salz und 1 TL Mandi-Gewürz (oder Ersatz) ins Wasser geben, einmal umrühren und 20 bis 25 Minuten bei kleiner Flamme köcheln lassen, bis der Reis fast gar ist. Dabei so selten wie möglich den Deckel öffnen und nicht umrühren.

Wenn der Reis bereits ca. 15 Minuten gekocht hat, lösen Sie das Farbpulver in einem Glas mit ca. 50 ml warmen Wasser auf und verteilen die rote Flüssigkeit über einer Seitenhälfte des Topfes. Dadurch färbt sich die Hälfte des Reis rot/orange. So lange einwirken lassen, bis das gesamte Wasser verdampft und der Reis gar ist.

Tipp: Wenn die Reiskörner auf der Oberfläche nicht mehr gerade und flach liegen, sondern sich etwas beugen, ist der Reis fertig.

Dann den Reistopf von der Flamme nehmen und den weißen und roten Reis vorsichtig miteinander vermischen. Grillkohle auf einer Flamme oder einer Herdplatte zum Glühen bringen. Währenddessen 1 EL Olivenöl in ein kleines Wasserglas füllen und in den Topf auf den Reis stellen. Wenn die Kohle glüht, diese vorsichtig mit einer Grillzange in das Glas legen und den Topf zügig zudecken. So entsteht Rauch. Den Reis 2–3 Minuten im Topf räuchern, das Glas mit der Kohle herausnehmen und den Reis behutsam verrühren, damit sich das Aroma verteilen kann. Zuletzt den Reis in eine Auflaufform geben und mit den Rosinen und Mandeln bestreuen.

Zum Beispiel mit Soß und/oder Laban b´khiar servieren.

FAHITA

- 150 g Sojageschnetzeltes (getrocknet)
- 2 EL Gemüsebrühe
- 2 Paprika
- 2 Zwiebeln
- 150 g frische Champignons
- 100 g Zuckermais (Dose)
- 150 ml Sojasoße
- optional: Chili und/oder Parmesan

» *Das Gericht ist meine eigene Kreation. Inspiriert wurde ich von einem Gericht, das ich oft nach der Arbeit mit meinen Kolleg_innen in einem Restaurant in Damaskus gegessen habe. Meine neue Kreation ist vegan, gesund und sehr lecker. Das Gericht hat meine WG und meine Freund_innen sofort total begeistert.*

Das Sojageschnetzelte in einen Topf geben und mit kochendem Wasser übergießen. 2 EL Gemüsebrühe hinzugeben und etwa 15 Minuten quellen lassen. Danach das Sojageschnetzelte in ein Sieb geben und kräftig ausdrücken, sodass möglichst viel Wasser entweicht. Während das Sojageschnetzelte im Wasser quillt, die Pilze und die Paprika in Streifen und die Zwiebeln halbmondförmig schneiden. Etwas Öl in einer Pfanne erhitzen und das Soja unter stetigem Rühren bis zu zehn Minuten anbraten. Anschließend die Paprika hinzugeben und weitere vier Minuten braten. Anschließend die Zwiebeln beimengen und nochmals fünf Minuten braten. Dann die Pilze, den Mais und die Sojasoße dazugeben. So lange weiter köcheln, bis auch die Pilze gar sind. Bei Bedarf mit etwas Schärfe (Chili) oder Parmesan würzen.

Hierzu passt gut Reis.

FALAFEL

www.hummus-evolution.de/
falafel

- *400 g getrocknete Kichererbsen*
- *50 g frischen Koriander*
- *50 g frische glatte Petersilie*
- *1 Stange Lauch oder 2 Zwiebeln*
- *6 Knoblauchzehen*
- *3 TL Natron*
- *2 TL Salz*
- *3 TL Falafel-Gewürz*
  (alternativ können Sie dies auch selbst mischen, indem Sie 2 TL gemahlenen Kreuzkümmel, 1/2 TL Pfeffer und 1/2 TL Zimt oder Piment vermengen)
- *Öl zum Frittieren*
- *Ein Schälchen Sesam*

400 g ungekochte Kichererbsen mindestens 12 Stunden in Wasser (am Besten über Nacht) mit 1 TL Natron quellen lassen. Diese Menge ergibt ca. 800 g. Die eingeweichten Kichererbsen vor Verwendung noch einmal gut waschen. Ich würde Ihnen empfehlen keine Kichererbsen aus der Dose zu verwenden. Bei diesen besteht die Gefahr, dass die Falafel in der Fritteuse zerfallen.

Zuerst den Lauch / die Zwiebeln, den Knoblauch, die Petersilie und den Koriander zerkleinern. Traditionell wird in Syrien ein Fleischwolf zum Zerkleinern und Mixen der Falafelmischung verwendet. Ich habe einen Standmixer und mixe in zwei Portionen. Ein elektrischer Zerkleinerer leistet auch sehr gute Dienste. Ein Pürierstab geht auch, dauert jedoch etwas länger.

Die Kichererbsen gemeinsam mit dem geschnittenen Gemüse und den Kräutern im Standmixer oder mit dem Pürierstab zu einer groben Masse verkleinern. Nicht zu fein und nicht zu feucht! Es ist wichtig, dass mensch den Teig noch gut formen kann.

Den Teig in eine Schüssel geben. In einem Glas 100 ml Wasser mit 3 TL Natron, 2 TL Salz und 3 TL Falafelgewürz vermischen und unter den Falafelteig rühren. Anschließend den Teig ungefähr eine Stunde im Kühlschrank ruhen lassen.

Das Öl in einer Fritteuse oder in einem Topf erhitzen. Nehmen Sie nun ca. 1 EL Falafel-Teig und formen Sie ihn in der Hand oder mit einem Falafel-Portionierer zu einem Bällchen. Wenn Sie möchten, können Sie das Bällchen noch mit einem Essstäbchen durchbohren (so werden die Falafel auch innen gebraten) und in Sesam tunken.

Wenn das Öl heiß genug ist (ca. 180 °C), die Bällchen nach und nach in die Fritteuse geben und solange frittieren (ca. 2 1/2 Minuten), bis sie goldbraun sind. Anschließend 4–5 Bällchen in einem arabischen Brot einrollen.

Als Beilage empfehle ich zum Beispiel: Arabisches Fladenbrot, Hummus, Falafel-Soßen, Granatapfelsirup, Salat, Tomaten, Zwiebeln, (Essig-)Gurken, Zitrone, Petersilie und Minze.

FALAFEL SOSSEN

» *Eine gute Falafel-Soße ist sehr wichtig. Traditionell verwenden wir dafür immer Humus. Aber es gibt noch viele andere Möglichkeiten. Probieren Sie sich aus und seien Sie kreativ. Zur Inspiration finden Sie hier zwei Falafel-Soßen, die ich oft zubereite.*

Tahin-Soße
- 85 g Tahin
- 100 ml Wasser
- 1 Knoblauchzehe
- 3 EL Zitronensaft
- 1 TL Salz
- 1 TL Pfeffer
- 1 TL Kreuzkümmel

Vermischen Sie zuerst das Tahin mit dem Wasser, bis die Konsistenz sämig ist. Ich nutze dazu einen Pürierstab. Den Knoblauch stampfen und mit den restlichen Zutaten unter die Soße rühren.

Harissa-Soße
- 100 ml Pflanzenöl
- 50 ml (ungesüßte) Sojamilch
- 4 Knoblauchzehen
- 4 EL Zitronensaft
- 1 TL Essig
- 1 TL Salz
- 2 TL Harissa oder 2 TL scharfes Chilipulver

Alle Zutaten in einen Standmixer geben und solange mixen, bis die Konsistenz mayonnaise-artig ist. Alternativ können Sie dafür natürlich auch einen Pürierstab nutzen.

M'TABHAKA

- 10 Tomaten
- 2 Auberginen
- 1 Paprika
- 2 Zwiebeln
- 250 ml passierte Tomaten
- 3 Knoblauchzehen
- 2 EL Zitronensaft
- 8 EL Olivenöl
- Salz
- Optional: 4 gekochte Kartoffeln

» *Die Tomaten haben in meiner Heimat einen sehr intensiven Geschmack, welcher gemeinsam mit den anderen Zutaten eine Geschmacksexplosion im Mund erzeugt.*

Zuerst die Auberginen schälen. Daraufhin das ganze Gemüse in Scheiben schneiden und in einer Auflaufform in Schichten auslegen. Es empfiehlt sich folgende Reihenfolge von unten nach oben (auf jeder Schicht eine Prise Salz geben):
- eine Schicht Tomaten
- eine Schicht Auberginen
- eine Schicht Zwiebeln
- ... Paprika
- ... Auberginen
- zuletzt wieder eine Schicht Tomaten

Optional können Sie auch eine Schicht geschnittener, gekochter Kartoffeln beifügen. Dies macht den Auflauf noch etwas nahrhafter.

Die passierten Tomaten in einer Schüssel mit 3 gestampften Knoblauchzehen, 1 TL Salz, 2 EL Zitronensaft und 8 EL Olivenöl verrühren und über das Gemüse gießen, bis die ganze Auflaufform bedeckt ist. Im vorgeheizten Ofen bei 200 °C Umluft oder 180 °C Ober-/Unterhitze für ca. 70 Minuten backen.

Mit Brot und/oder Reis genießen.

M'SHAKALE

- 5 Kartoffeln
- 1 Zwiebel
- 1 Zucchini
- 1 Aubergine
- 1 grüne Paprika
- 800 g fein gehackte Tomaten (Dose)
- 1 Tasse Soja-Granulat
- 2-3 Knoblauchzehen
- 1/2 TL Chili-Pulver (scharf)
- 1 TL fein gehackter frischer Ingwer
- 2 Gläser grober Bulgur
- 1/2 Glas Fadennudeln
- Salz & Pfeffer
- Olivenöl

» *M'Shakale ist eine Weiterentwicklung von M'Tabhaka. Mit diesem Gericht habe ich ein paar Freunde ausgetrickst: Sie dachten es gibt Gemüse mit Hackfleisch. Und natürlich haben sie nichts bemerkt.*

Zuerst die Kartoffeln schälen. Dann eine Zwiebel schneiden und in 50 ml Öl auf kleiner Hitze in einem Topf anbraten. Währenddessen das Sojagranulat in einen Topf geben und mit kochendem Wasser übergießen. 1 EL Gemüsebrühe hinzugeben und quellen lassen.
Dann die Kartoffeln in kleine Stückchen schneiden und in den abgedeckten Topf zu den Zwiebeln geben. Nun auch die Aubergine und die Zucchini zerkleinern, die Paprika in Streifen schneiden und alles dazu geben. Anschließend 1 EL Salz, 1 TL Pfeffer und 1 TL scharfes Chili-Pulver hinzugeben und mit einem Kochlöffel kräftig vermischen. Auf mittlerer Flamme etwa 15 Minuten zugedeckt köcheln lassen.
Danach das Sojagranulat in ein Sieb geben und kräftig ausdrücken, sodass möglichst viel Wasser entweicht, und unter das Gemüse mischen. Wenn das Gemüse weich ist, den Ingwer sehr klein hacken und mit den fein gehackten Tomaten und den gestampften/gepressten Knoblauchzehen dazugeben. Alles vorsichtig vermischen und fünf Minuten weiter garen lassen.

Tipp: Optional können Sie das Gemüse dann noch in eine Auflaufform umfüllen und etwa 20 Minuten im vorgeheizten Ofen bei 200° C backen. Dadurch wird der Geschmack noch etwas intensiver und die Konsistenz wird cremiger.

Währenddessen den Bulgur in einem Sieb waschen. 1/2 Glas Fadennudeln in einem 1/2 Glas Olivenöl etwa zwei Minuten goldbraun braten. Dann so schnell wie möglich den Bulgur dazugeben und mit 2 Gläsern kochendem Wasser aufgießen. Einmal umrühren und ca. 20 Minuten bedeckt bei kleiner Hitze köcheln lassen. Alternativ können Sie das Gemüse natürlich auch mit Reis servieren.

M'NASALE BATATA

- *1 kg Kartoffeln*
- *50 g frischer Koriander*
- *2 Knoblauchzehen*
- *2 Gläser grober Bulgur*
- *1/2 Glas Fadennudeln*
- *1/2 Glas Olivenöl*
- *Öl zum Frittieren*
- *Curry*
- *Pfeffer*
- *Salz*
- *1 TL Safran*

» *Auch in Syrien ist die Kartoffel sehr beliebt. Dieses Gericht ist mein Lieblingsgericht mit Kartoffeln. Es eignet sich vor allem im Winter, weil es sehr gesund ist. Der Geschmack von frischem Koriander und Knoblauch bleibt auch nach der Mahlzeit noch sehr angenehm im Mund.*

Die Kartoffeln schälen, in 2 cm große Würfel schneiden und ca. 7 Minuten frittieren. Dann 1,5 Liter Wasser zum Kochen bringen und die frittierten Kartoffeln zusammen mit 1 EL Salz, 1 TL Pfeffer und einer Messerspitze Curry hineingeben. Ca. 15 Minuten bedeckt bei mittlerer Hitze köcheln lassen.

Währenddessen den Bulgur in einem Sieb waschen. 1/2 Glas Fadennudeln in einem 1/2 Glas Olivenöl etwa zwei Minuten goldbraun braten. Dann so schnell wie möglich den Bulgur dazugeben und mit 2 Gläsern kochendem Wasser aufgießen. Einmal umrühren und ca. 20 Minuten bedeckt bei kleiner Hitze köcheln lassen.

Währenddessen den frischen Koriander klein schneiden und den Knoblauch stampfen.

Wenn die Kartoffeln weich genug sind, Koriander, Knoblauch und Safran in den Topf zu den Kartoffeln geben und ca. 5 Minuten bei geschlossenem Deckel auf kleiner Hitze ziehen lassen.

Die Kartoffelsuppe zusammen mit dem Bulgur servieren.

SHORBAH

- 1 Glas Rote Linsen (schnellkochend)
- 1 Zwiebel
- 1 EL Zitronensaft
- 1 gebackenes oder frittiertes Brot
- 2 Knoblauchzehen
- 1 Kartoffel
- Salz
- Pfeffer
- Safran

» *Eine typische, sehr einfach zu kochende Linsensuppe. Viele Familien aus Syrien essen sie als Hauptgericht.*

Zuerst die Linsen in einer Schüssel mit Wasser 10 Minuten quellen lassen und danach das Wasser abgießen. Dann 2 Knoblauchzehen, 1 Zwiebel und 1 Kartoffel klein schneiden und mit Öl in einem Topf anbraten. Geben Sie das angebratene Gemüse zusammen mit den Linsen, 1 TL Salz, 1 TL Pfeffer in 1300 ml kochendes Wasser und lassen Sie alles zusammen ca. 12 Minuten köcheln. Wenn die Linsen weich sind, nehmen Sie den Topf von der Flamme und geben 1 EL Zitronensaft hinzu. Die Linsen pürieren. Zuletzt noch mit Safran verfeinern.
Mit gebratenem oder frittiertem Brot servieren.

Dieses Rezept eignet sich hervorragend, um Reste zu verwerten. Übergebliebener Reis oder Kartoffeln können dazugegeben werden.

MLOUCHIA ALMANIA

- 1250 g Grünkohl (tiefgekühlt)
- 100 g Sojageschnetzeltes
- 10 Knoblauchzehen
- 1 Zitrone (optional können Sie am Tisch mit Zitronensaft nachwürzen)
- 30-40 g frischer Koriander
- Gemüsebrühe
- Pfeffer
- Salz

» *Mlouchia ist ein sehr spezielles arabisches Kraut und in Deutschland leider nur selten erhältlich. Es schmeckt etwas sauer und ist ein bisschen zäh. Mein Vater mag es zum Beispiel überhaupt nicht. Aber ich finde es super, denn es ist sehr gut für die Verdauung. Ich habe es einmal bei mir in der WG gekocht und meine Mitbewohner_innen sagten, es erinnere sie an Grünkohl. Deshalb habe ich das Gericht nun verändert und Mlouchia durch Grünkohl ersetzt. Ich bin sehr überrascht, denn es schmeckt toll! Eine syrisch-deutsche Fusion!*

Falls Sie tiefgekühlten Grünkohl nutzen, müssen Sie diesen erst auftauen und in ein Sieb geben, damit das Wasser abtropfen kann. Mit einem Löffel den Grünkohl etwas pressen, damit noch mehr Wasser entweicht.

Währenddessen das Sojageschnetzelte in einen Topf geben und mit kochendem Wasser übergießen. 2 EL Gemüsebrühe hinzugeben und etwa 15 Minuten quellen lassen. Danach das Sojageschnetzelte in ein Sieb geben und kräftig ausdrücken, sodass möglichst viel Wasser entweicht.

Dann das Sojageschnetzelte mit zwei gepressten Knoblauchzehen ca. 10 Minuten in einem Topf auf kleiner Flamme anbraten. 1 TL Gemüsebrühe und 1/2 TL Pfeffer hinzugeben.

Danach den Grünkohl mit zehn ganzen Knoblauchzehen, dem Saft einer Zitrone und 50 ml Olivenöl hinzugeben. Das ganze auf kleiner Flamme ca. 20 Minuten kochen lassen.

Mit Reis als Beilage servieren.

ALDI B'SET

- *1 kg grüne Bohnen*
- *3 möglichst weiche Tomaten*
- *100 ml Olivenöl*
- *3 Knoblauchzehen*
- *1 TL Tomatenmark*
- *Salz und Pfeffer*
- *optional: 1 Zwiebel*

» *Dieses Gericht tut meinem Magen gut. Es ist sehr bekömmlich und schmeckt wunderbar. Außerdem beruhigt es mich, wenn ich Stress habe.*

Die Enden der Bohnen entfernen und in 3 cm große Stücke schneiden. 100 ml Olivenöl in einem Topf erhitzen, die Bohnen dazugeben und bei geschlossenem Deckel auf kleiner Flamme erhitzen. Gelegentlich umrühren und solange schmoren lassen, bis sie eine gelbgrüne Farbe annehmen und weich sind. Währenddessen die Tomaten sehr klein würfeln. In einem Topf drei gepresste Knoblauchzehen und optional eine sehr klein geschnittene Zwiebel vorsichtig goldbraun braten. Wenn die Bohnen gar sind, die Tomaten, den Knoblauch, (ggf. auch die Zwiebel), Tomatenmark, 2 TL Salz und 1 TL Pfeffer hinzugeben und weiter köcheln lassen, bis die Tomaten zerfallen sind. Währenddessen ein- oder zweimal umrühren.

Mit Brot und frischer Paprika servieren.

Tipp: Wenn die Tomaten nicht reif genug sind, zerfallen sie nicht und haben eventuell nur wenig Geschmack. Geben Sie in diesem Fall zusätzlich noch 2-3 TL Tomatenmark hinzu um das Aroma zu verbessern.

NOTIZEN

DESSERT

TAMR TAHINA

— ca. 12 Datteln
— ca. 4 EL Tahin

» *Dieses Dessert ist sehr einfach, doch die Kombination von Datteln und Tahin schmeckt wunderbar. Am Ramadan esse ich es abends besonders gerne, denn Datteln geben viel Kraft.*

Beliebig viele Datteln auf einem Teller anrichten und Tahin darüber träufeln. Wenn das Tahin zu hart ist, können Sie es entweder mit etwas Wasser in einem Schälchen vermischen oder in einem Topf auf dem Herd erwärmen und gut verrühren. Es sollte am am besten die Konsistenz von flüssigen Honig haben.

MAMOUL

- 300 g Mehl
- 150 g Margarine
- 50 g Zucker
- 50 ml Sojamilch
- 1 Pck Vanillezucker
- 1/2 Pck Backpulver

- 200 g Dattelpaste
- 100 g gehackte Mandeln
- 1 Msp Kardamom (im Sommer)
- 1 Msp Zimt (im Winter)

Die Zutaten reichen für ein Backblech.

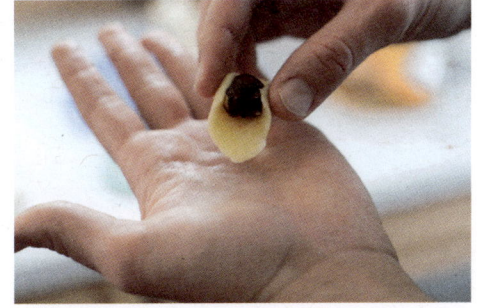

» *Während der letzten zehn Tage des Ramadans riecht es überall in meiner Stadt nach Mamoul. Es gehört zum Ramadan so wie in Deutschland Zimt zu Weihnachten gehört.*

Falls Sie keine fertige Dattelpaste in Ihrem Lebensmittel-Geschäft gefunden haben, können Sie diese auch selbst herstellen. Weichen Sie dafür 200 g entkernte Datteln über Nacht in Wasser ein. Die eingeweichten Datteln mit einem Pürier-Stab mixen. Bei Bedarf können Sie auch ein wenig von dem Einweichwasser hinzugeben. Seien Sie jedoch vorsichtig, dass die Paste nicht zu flüssig wird, denn sie muss sich noch formen lassen.
Alternativ können Sie die entkernten Datteln zerkleinern, in einer Pfanne mit etwas Margarine auf kleiner Flamme erhitzen (nicht braten) und solange verrühren, bis sich eine Paste ergibt.
Vermengen Sie Mehl, Margarine, Zucker, Sojamilch, Vanillezucker und Backpulver in einer Schüssel und kneten Sie die Zutaten kräftig zu einem Teig. Er sollte nicht zu klebrig sein. Den fertigen Teig für 30 Minuten im Kühlschrank abkühlen lassen.
Währenddessen die Nüsse mit 1/2 TL Öl in einer Pfanne goldbraun rösten und mit der Dattelpaste, dem Gewürz und 1 EL Margarine in eine Schüssel geben. Vermengen Sie alles miteinander.
Formen Sie den Teig nun zu haselnussgroßen Bällchen und drücken Sie diese in der Handfläche flach. Nehmen Sie dann die gleiche Menge von der Dattelfüllung, legen Sie diese auf den flachen Teig in Ihrer Handfläche und umschließen Sie die Dattelfüllung mit dem Teig. Formen Sie daraus wieder ein Bällchen und drücken Sie dieses in einen Mamoul-Löffel, um die typische Form zu erhalten. Sie können aber natürlich auch ihre ganz eigene Form erfinden. Manchmal drücke ich zum Beispiel einfach nur mit der Gabel von oben auf das Bällchen.
Die Kekse auf einem Backblech auslegen und im vorgeheizten Ofen bei 200 °C für ca. 20 Minuten backen, bis sie hellbraun sind.

HELLATHIA

- *1/2 Glas Grieß*
- *1/2 Glas Zucker*
- *Zum Verzieren: ein paar Mandelblättchen und Kokosraspeln*

» *Als Kind habe ich immer wieder Grieß zubereitet, um ihn auf der Straße an andere Kinder zu verkaufen. Das war eine tolle Erfahrung.*

4 Gläser Wasser mit Zucker zum Kochen bringen. Optional können Sie für eine bessere Verträglichkeit den Grieß mit etwas Öl für fünf Minuten unter stetigem Rühren leicht anbraten. Vorsicht: der Grieß wird sehr heiß!
Wenn das Wasser kocht, den Grieß unter stetigem Rühren nach und nach hinzugeben. Kräftig rühren, sodass er nicht klumpt! Wenn Sie mögen, können Sie eine Messerspitze Zimt hinzugeben. Etwa 10 Minuten kochen, bis der Grieß cremig wird.

Zuletzt mit Mandeln oder Kokosraspeln verzieren.
Warm oder kalt servieren.

BAKLAVA

- *1 Packung Baklava-Teig (Yufka/Filo-Teig)*
- *200 g pflanzliches Ghee*
- *250 g gemahlene Nüsse (Haselnuss und/oder Mandeln)*
- *270 g Zucker (70 g + 200 g)*
- *3 EL Rosenwasser*
- *1 TL Zitronensaft*
- *1 EL veganer Honig (z.B Agavendicksaft)*
- *100 g gehackte Pistazien*
- *optional: eine Messerspitze Zimt*

Generell braucht mensch für den folgenden Kochvorgang immer wieder geschmolzenes Ghee. Deshalb zu Beginn 200 g Ghee in einem Topf auf kleiner Hitze zum Schmelzen bringen und flüssig halten.

250 g Nüsse im Standmixer zerkleinern oder gleich gemahlene Nüsse verwenden. Die Nüsse in einen Topf geben, 5 EL geschmolzenes Ghee, 1 EL Rosenwasser und optional 70 g Zucker hinzugeben und verrühren. Anschließend streichen Sie ein Baklavablatt auf einem Brett oder einem Blech mit Ghee ein. Darauf ein weiteres Baklavablatt wieder einstreichen, sodass am Ende drei Lagen fest aufeinander liegen und zu einem Teig werden. Es ist kein Problem, wenn ein Blatt einreißt oder etwas eingeknickt ist.

Dann die Nussmischung in einer Linie fest auf den unteren Bereich des Teiges drücken und den Teig nach oben einrollen. Anschließend ein Ofenblech mit Ghee einstreichen.

Die Rolle auf das Blech legen und noch einmal mit Ghee einpinseln. Die Rolle sollte überall mit Ghee eingepinselt sein. Dieses Prozedere mehrmals wiederholen, bis mehrere (ca. drei) Rollen eng nebeneinander auf dem Blech liegen. Mit einem scharfen Messer in kleine quadratische Stücke zerteilen. Für etwa 20–25 Minuten bei 200 °C im Ofen backen, bis sie goldfarben sind.

Währenddessen 150 ml kochendes Wasser und 200 g Zucker in einem Topf verrühren und bei mittlerer Hitze flüssig werden lassen. Dann die Hitze herunterdrehen und 1 TL Zitronensaft dazugeben. 1 EL Honig, 2 EL Rosenwasser und nach Belieben Zimt hinzugeben. Bei geringer Hitze auf dem Herd stehen lassen, bis die Baklava fertig gebacken sind. Wenn die Baklava fertig sind, den gesamten Sirup großzügig darüber gießen, sodass sie durchtränkt werden (sonst trocknen sie schnell aus). Zuletzt die Pistazien darüber streuen und die Stücke schön auf einem Teller anrichten.

SALATE FAWAKIH

- *1 Apfel*
- *1 Dose Ananas*
- *8 Erdbeeren*
- *4 Kiwi*
- *2 Bananen*

(Dies ist unser Vorschlag. Das Obst können Sie natürlich nach belieben auswählen)

- *250 g Seidentofu*
- *2 TL Vegane, ungesalzene Margarine (z.B. Alsan)*
- *2 Msp. Vanillezucker*
- *1 EL veganer Honig (z.B Agavendicksaft oder Ahornsirup)*
- *1 EL Lieblingsmarmelade*
- *Optional: Nüsse*

» Dieser Nachtisch ist ganz einfach. Lassen Sie ihre Kreativität spielen!

Den Seidentofu in einem Küchentuch über einer Schüssel ausdrücken, damit das Wasser entweicht. Dann den Tofu mit 2 TL Margarine und 2 MS Vanillezucker in eine Schüssel geben und mit einer Gabel zu einer grobenflockigen, sahneartigen Creme zerdrücken/verrühren.

Daraufhin einen Apfel würfeln und mit der Ananas in eine Schüssel geben. Mischen Sie 1 EL Ihrer Lieblingsmarmelade und ein 1 EL Honig darunter und geben Sie die Schüssel für ca. 15 Minuten in den Kühlschrank.

Danach auf den Boden von vier Bechern oder Schälchen ein wenig Honig träufeln. Geben Sie nun die gekühlten Äpfel und Ananas in die Becher.

Daraufhin die Wand der Becher mit geschnittenen Kiwi-, Erdbeer- und Bananenstückchen auslegen, sodass in der Mitte der Becher noch Platz bleibt. Füllen Sie diesen dann mit 2 EL der Tofu-Creme aus. Bei Bedarf können Sie den Obstsalat noch mit Nüssen verfeinern.

WICHTIGE WÖRTER

Hallo:	مرحبا	[marhabaan]		Petersilie:	بقدونس	[bak do ness]
Wie gehts:	كيف حالك؟	[kayf halok]		Koriander:	كزبرة	[kos bara]
Gut:	جيد	[dschayyid]		Sesam:	سمسم	[som som]
Schlecht:	سيئ	[sayyi]				
Bitte:	عفواً	[afwan]		Öl:	زيت	[zait]
Danke:	شكراً	[schok ran]		Soße:	صوص	[saus]
Guten Appetit:	صحة و هنا	[saha w hana]		Essig:	خل	[khall]
				Honig:	عسل	[asal]
Süß:	حلو	[hilw]		Joghurt:	لبن	[laban]
Sauer:	حامض	[ha mud]				
Bitter:	مر	[mor]		Besteck:	أدوات المائده	[adwāt al-mā ida]
Salzig:	مالح	[maleh]		Teller:	طبق	[tabaq]
Scharf:	حار	[har]		Gabel:	شوكة	[shawakk]
				Glas:	كأس	[ká s]
Salz:	ملح	[milh]		Löffel:	ملعقة	[mil aqa]
Zucker:	سكر	[sokar]		Messer:	سكين	[sikkien]
Pfeffer:	فلفل	[filfil]		Schüssel:	سلطانية	[sultāniya]
Ingwer:	زنجبيل	[zandschabil]		Tasse:	فنجان	[fin gan]
Kreuzkümmel:	كمون	[kam mon]				
Schwarzkümmel:	الحبة السوداء	[al-habba al-saudaa]				
Zimt:	قرفة	[kerfa]				
Minze:	نعنع	[na na]				

Getränk:	شراب	[scharab]	Apfel:	تفاح	[tuffah]
Wasser:	ماء	[ma a]	Banane:	موز	[mauz]
Kaffee:	قهوة	[qahwa]	Orange:	برتقال	[burtuqal]
Tee:	شاي	[schãy]	Zitrone:	ليمون	[laimun]
Milch:	حليب	[halieb]			
Saft:	عصير	[asier]	Gemüse:	خضراوات	[khudrawat]
Alkohol:	الكحول	[kohol]	Kichererbsen:	حمص	[hummus]
			Kartoffel:	بطاطا	[batata]
Mehl:	طحين	[tahin]	Gurke:	خيار	[khiyar]
Reis:	أرز	[aruzz]	Aubergine:	باذنجان	[badengaan]
Getreide:	حبوب	[hobub]	Zucchini:	كوسا	[kusa]
Brot:	خبز	[khubs]	Knoblauch:	ثوم	[thum]
Mandeln:	لوز	[laus]	Zwiebel:	بصل	[asal]
Nuss:	جوز	[dschaus]	Olive:	زيت	[zayt]
			Paprika:	فلفل	[filfil]
Kochen:	يطبخ	[yatbuch]	Salat:	سلطة	[salata]
Braten:	يقلي	[yaqli]	Tomate:	طماطم	[tamatem]
Vegan:	نباتي	[nabati]	Erbsen:	بازلاء	[basela]
Vegatrisch:	نباتي	[nabati]	Linsen:	عدس	[adas]
			Pilze:	فطر	[feter]
Obst:	فواكه	[fawakih]	Bohnen (dick):	فول	[fool]
Granatapfel:	رمان	[romman]	Bohnen (grün):	فاصوليا	[fasolia]

ZULETZT MÖCHTE ICH NOCH „DANKE" SAGEN

Ich danke meiner Familie und hoffe, dass wir uns inshallah bald wieder sehen. Ich danke den vielen lieben Menschen in Marburg, die mir schon oft geholfen haben. Vor allem möchte ich auch meiner WG herzlich danken.

Vielen Dank an ...
- Valentin, für die tollen Fotos.
- Moritz, für das Aufschreiben der Rezepte.
- Bernd, für deine kompetente Beratung und das großartige Layout.
- Jan und Kathrin, für eure Unterstützung in der Küche beim Foto-Wochenende.
- Ronja und Angi, für eure Inspirationen und die sehr hilfreichen, kreativen Beiträge.

Zuletzt möchte ich Ihnen dafür danken, dass Sie dieses Buch in den Händen halten. Wie auch immer es zu Ihnen gekommen ist. Es würde mich freuen, wenn Sie das ein oder andere Rezept ausprobieren. Gerne können Sie mir bei Anmerkungen, Problemen oder Fragen schreiben.

Meine Adresse ist: **bilal@hummus-evolution.de**

Vielleicht wollen Sie auch einen Blick auf meine Homepage werfen? Hier werde ich in der nächsten Zeit immer wieder neue Rezepte und Videos vom Kochen veröffentlichen: **www.hummus-evolution.de**

Valentin hat auch eine Homepage: **www.valentin-winhart.de**

Hier noch die Homepage einer Organisation für die ich sehr gerne koche. Sie heißt „Über den Tellerrand". Sie organisieren Veranstaltungen, bei denen Geflüchtete und Beheimatete zusammen kochen.
www.ueberdentellerrand.org

Dieses Buch besteht aus 100 % Recyclingpapier (Blauer Engel) und wurde mit veganen Farben auf Pflanzenölbasis klimaneutral gedruckt.

Impressum:

Bilal Maikeh: Rezepte
Valentin Winhart: Fotos
Moritz Michael: Texte
Bernd Wolfram: Layout

© Copyright 2018 by Maikeh, Winhart, Michael und Wolfram, Marburg & München
ISBN 978-3-00-060453-9